BEI GRIN MACHT SICH IHR WISSEN BEZAHLT

AF135773

- Wir veröffentlichen Ihre Hausarbeit, Bachelor- und Masterarbeit

- Ihr eigenes eBook und Buch - weltweit in allen wichtigen Shops

- Verdienen Sie an jedem Verkauf

Jetzt bei www.GRIN.com hochladen und kostenlos publizieren

Anwendung verschiedener Methoden der quantitativen Datenanalyse in SPSS

Daline Ostermaier

Bibliografische Information der Deutschen Nationalbibliothek:

Die Deutsche Nationalbibliothek verzeichnet diese Publikation in der Deutschen Nationalbibliografie; detaillierte bibliografische Daten sind im Internet über http://dnb.d-nb.de abrufbar.

ISBN: 9783346762177
Dieses Buch ist auch als E-Book erhältlich.

© GRIN Publishing GmbH
Nymphenburger Straße 86
80636 München

Alle Rechte vorbehalten

Druck und Bindung: Books on Demand GmbH, Norderstedt Germany
Gedruckt auf säurefreiem Papier aus verantwortungsvollen Quellen

Das vorliegende Werk wurde sorgfältig erarbeitet. Dennoch übernehmen Autoren und Verlag für die Richtigkeit von Angaben, Hinweisen, Links und Ratschlägen sowie eventuelle Druckfehler keine Haftung.

Das Buch bei GRIN: https://www.grin.com/document/1297820

Inhaltsverzeichnis

Abkürzungsverzeichnis

CFA	Konfirmatorische Faktorenanalyse
EFA	Explorative Faktorenanalyse
FA	Faktorenanalyse
PCA	Principal Component Analysis (Hauptkomponentenanalyse)

Abbildungsverzeichnis

Tabellenverzeichnis

Anlagenverzeichnis

1. Faktorenanalyse

1.1 Grundprinzip, Voraussetzungen und Ablauf

Die Faktorenanalyse (FA) ist ein „statistisches Verfahren zur Identifikation informationsähnlicher Variablen (hoch korrelierender Variablengruppen) mit dem Ziel der Daten- bzw. Variablenreduktion oder der Identifikation unterliegender latenter Variablen." (*Faktorenanalyse im Dorsch Lexikon*, 2021) Es handelt sich also um eine Methode der quantitativen Datenanalyse, bei welcher, ausgehend von den korrelativen Beziehungen der Variablen eines Datensatzes, neue Konstrukte (Faktoren) generiert werden. (Backhaus, Erichson, Gensler, Weiber & Weiber, 2021, S. 414) Ein beliebtes Einsatzgebiet der FA stellt z. B. die Fragebogenkonstruktion dar. Bevor jedoch genauer auf die verschiedenen Anwendungszwecke und Arten der FA eingegangen wird, soll ein Grundverständnis für die Elemente der Methode geschaffen werden. Im Folgenden werden daher grob die einzelnen Schritte der Durchführung skizziert.

Zunächst ist zu verdeutlichen, dass die FA einer bestimmten Interpretationslogik folgen. Korrelieren zwei Variablen x_1 und x_2 miteinander, wird unterstellt, dass sich diese beobachtbare Korrelation auf eine dritte Variable, also eine dahinterstehende gemeinsame Ursache (Faktor F), zurückführen lässt. (Backhaus et al., 2021, S. 416; Bortz & Schuster, 2010, S. 386) Es muss dahingehend sichergestellt werden, dass die geschilderte Logik für die Fragestellung sinnvoll und relevant ist. Gleichzeitig ist es notwendig dem Datensatz eine empirische Prüfung zu unterziehen. Daten eigenen sich nur dann für eine FA, wenn die Variablen des Datensatzes ausreichend hohe Korrelationen aufweisen. (Backhaus et al., 2021, S. 416) Diese Voraussetzung wird überprüft, indem die sog. Korrela-tionsmatrix berechnet wird. Diese bildet die Wechselbeziehungen der Variablen ab und kann mithilfe spezifischer Testverfahren überprüft werden. (Leonhart, 2014b, S. 67) Darüber hinaus setzt eine FA ein quasi-metrisches Skalenniveau und einen Datensatz, welcher in etwa zehnmal so viele Befragte wie Items umfasst, voraus. (Budischewski, 2019, S. 110) Die Eignungsprüfung der Daten kann somit als erster Schritt der FA festgehalten werden.

Der zweite Schritt besteht aus der Extraktion und der Bestimmung der optimalen Anzahl an Faktoren. (Backhaus et al., 2021, S. 416) Für die Ermittlung der richtigen Menge an Faktoren stehen mehrere Möglichkeiten zur Verfügung. Beispielhaft ist das Kaiser-Guttman-Kriterium zu nennen, ein Vorgehen, welches bei unter 40 Variablen zu empfehlen ist. Bei über 40 Variablen eignet sich z. B. der Scree-Test. (Leonhart, 2014b, S. 68) Ausgangspunkt für die Extraktion der Faktoren bilden die vielen korrelierten Merkmalsvariablen, welche im Rahmen der

Extraktion auf eine geringere Anzahl von Faktoren reduziert werden. Im Unterschied zu den vorherigen messbaren Variablen handelt es sich bei den extrahierten Faktoren um nicht unmittelbar beobachtbare Variablen. (Janssen & Laatz, 2017, S. 578). Die Extraktion der Faktoren wird häufig auch als der Kern der FA beschrieben, da hier die Zuordnung der ursprünglichen Variablen zu den generierten Faktoren stattfindet. Die Faktorladungen geben hierbei die Stärke der Zuordnung an. Je höher die Faktorladung, desto höher die Korrelation zwischen ursprünglicher Variable und Faktor. (Backhaus et al., 2021, S. 417) Auch für die Extraktion stehen verschiedene Algorithmen zur Auswahl. Es wird insbesondere zwischen der Hauptkomponentenanalyse und der Hauptachsenanalyse unterschieden. (Leonhart, 2014b, S. 80) Zu einem späteren Zeitpunkt wird die Hauptkomponentenanalyse noch einmal aufgegriffen und das Vorgehen detaillierter geschildert.

Liegt schließlich eine bestimmte Anzahl an extrahierten Faktoren vor, müssen diese im dritten Schritt interpretiert werden. (Backhaus et al., 2021, S. 417) Der Anwender betrachtet hierbei, welche Variablen auf welche Faktoren laden und wie der Faktor schließlich zu benennen ist, der die hohen Faktorladungen verursacht. Unter Umständen ist das Ergebnis nicht eindeutig zu interpretieren. Sobald einzelne Variablen auf mehr als einen Faktor laden, was als Mehrfachladung bezeichnet wird, entsteht kein klares Muster. Sog. Rotationsverfahren können in solch einem Fall Abhilfe schaffen. (Backhaus et al., 2021, S. 451) Das Prinzip dabei ist, dass die Faktoren auf grafischer Ebene so lange rotiert werden, bis sich eine eindeutigere Zuordnung der Variablen erzielen lässt. Nach der Rotation soll eine Variable also möglichst maximal mit einem Faktor korrelieren, mit allen anderen Faktoren aber möglichst minimal. Eine bekannte Rotationsmethode ist z. B. die Varimax-Rotation. (Leonhart, 2014b, S. 69)

Für viele Fragestellungen sind nun noch die Faktorwerte von Interesse, da hiermit häufig weitere Analysen (z. B. Regressionsanalyse) durchgeführt werden. Faktorwerte geben die Ausprägungen eines Faktors bei den Untersuchungsobjekten wieder. Die Berechnung ergibt sich aus der Linearkombination der Faktorladungen mit den individuellen Ausprägungen, die eine Person in Bezug auf die Variablen des Faktors aufweist. (Klopp, 2010, S. 3) Die Berechnung der Faktorwerte stellt den vierten und letzten Schritt der FA dar. (Backhaus et al., 2021, S. 417)

1.2 Arten und Einsatzfelder der Faktorenanalyse

Allgemein findet die FA in vielen verschiedenen Disziplinen Anwendung, z. B. in der Psychologie, Soziologie, Medizin oder Wirtschaft. (Backhaus et al., 2021, S. 414) Bezüglich der konkreten Zielsetzung ist jedoch zunächst zwischen explorativer Faktorenanalyse (EFA) und konfirmatorischer Faktorenanalyse (CFA) zu differenzieren. Während sich die obigen

Schilderungen zum Ablauf einer FA hauptsächlich auf die explorative Variante beziehen, sollen im Folgenden die Unterschiede der beiden Methoden mit Fokus auf relevante Fragestellungen und Einsatzfelder aufgezeigt werden.

Wie bereits ausführlich beschrieben dient die EFA zur Erforschung von Strukturen in einem Variablensatz, indem hoch korrelierte Variablen zu Faktoren zusammengefasst werden. Die Hauptziele sind damit die Datenreduktion und die Hypothesengenerierung. (Gäde, Schermelleh-Engel & Brandt, 2020, S. 617) Anders ausgedrückt liefert die EFA ein Erklärungsmodell für die in den Variablen enthaltenden Informationen. Solch ein Erklärungsmodell ist insbesondere im Rahmen der Fragebogenentwicklung von Interesse, da es z. B. die inhaltliche Interpretation und Darstellung der Items ermöglicht. (Brandt, 2020, S. 577) Es sollte nachvollziehbar sein, was die einzelnen Fragen des Fragebogens messen.

Im Bereich des Marketings könnte das Ziel der FA z. B. darin liegen, eine Umfrage zur Kundenbindung zu entwerfen. Um möglichst aussagekräftige Daten zu erzielen, sollen die unterschiedlichen Variablen bzw. Fragen auf mehrere übergeordnete Faktoren zurückgeführt werden. Letztlich könnte eine FA beispielsweise hervorbringen, dass der Fragebogen zwei Konstrukte misst, die als „bisheriges Kaufverhalten" und „Wieder-Kaufabsicht" benannt werden könnten. Andere Fragestellungen sind z. B. in der Persönlichkeitspsychologie zu finden. Der Fragebogen „The Big Five" basiert auf der Strukturierung von insgesamt 18.000 Variablen. Es wurde abgeleitet, dass sich die Persönlichkeit mithilfe der Faktoren „Offenheit", „Gewissenhaftigkeit", „Extraversion", „Verträglichkeit" sowie „Neurotizismus" beschreiben lässt. (Backhaus et al., 2021, S. 415)

Im Gegensatz dazu besteht das Ziel bei der CFA, als strukturüberprüfendes Verfahren, vorwiegend in der Hypothesenprüfung. (Gäde, Schermelleh-Engel & Brandt, 2020, S. 617; Krolak-Schwerdt & Hörstermann, 2021) Das Vorgehen ist dann einzusetzen, wenn auf Basis theoretischer Überlegungen latente Variablen abgeleitet werden, welche durch mehrere Indikatoren, also beobachtbare Variablen, gemessen werden sollen. Diese a priori vermutete Faktorenstruktur wird dann im Rahmen der CFA überprüft. Typisches Einsatzgebiet ist die psychometrische Evaluation eines Tests oder Fragebogens. Es lässt sich hierbei u. a. überprüfen, ob die Items eines Tests reliabel sind oder, ob die Items einer Skala eindimensional sind. (Gäde, Schermelleh-Engel & Brandt, 2020, S. 617)

Zusammenfassend bildet die FA also eine Gruppe an Verfahren, die sowohl für Fragestellungen verwendet wird, bei der eine statistische Überprüfung einer vorher festgelegten Faktorenstruktur gewünscht ist (z. B. Testevaluation), als auch für Fragestellungen, bei der die Strukturierung durch das statistische Verfahren selbst geschieht (z. B. Fragebogenentwicklung).

1.3 Durchführung einer Hauptkomponentenanalyse in SPSS

Die Hauptkomponentenanalyse bzw. Principal Component Analysis (PCA) ist eine Methode der Dimensionsreduktion, die häufig mit der FA verwechselt wird. Im Unterschied zur FA im engeren Sinne werden bei der PCA keine latente Strukturen aufgedeckt. Das Hauptziel der PCA liegt darin, die Variablen so auf ihre Hauptkomponenten zu reduzieren, dass der Informationsverlust möglichst gering ist. Ungeachtet der Unterschiede wird die PCA aufgrund eines ähnlichen Vorgehens und vergleichbarer Ergebnisse in SPSS als Extraktionsverfahren der FA aufgeführt. Im Folgenden soll nun die Durchführung der PCA in SPSS veranschaulicht werden. Hierbei wird die PCA so behandelt, als würde es sich um eine FA handeln. Es ist darauf hinzuweisen, dass u. a. Brandt (2020) von diesem Vorgehen abrät, da so der ursprüngliche Sinn der PCA verletzt wird. (S. 586)

Zur Demonstration der FA mittels PCA werden die Variablen 5 bis 19 aus dem Beispieldatensatz „ESP_1.sav" verwendet. Das Kaiser-Guttman-Kriterium (Eigenwert >1) soll dabei zur Bestimmung der Faktorenanzahl herangezogen werden. Als Rotationsmethode fällt die Wahl auf die Varimax-Rotation. Um die PCA im Menü von SPSS aufzurufen, wird zunächst das Dialogfeld „Faktorenanalyse" unter dem Reiter „Analysieren – Dimensionsreduktion – Faktorenanalyse" geöffnet (Siehe Abb. 1).

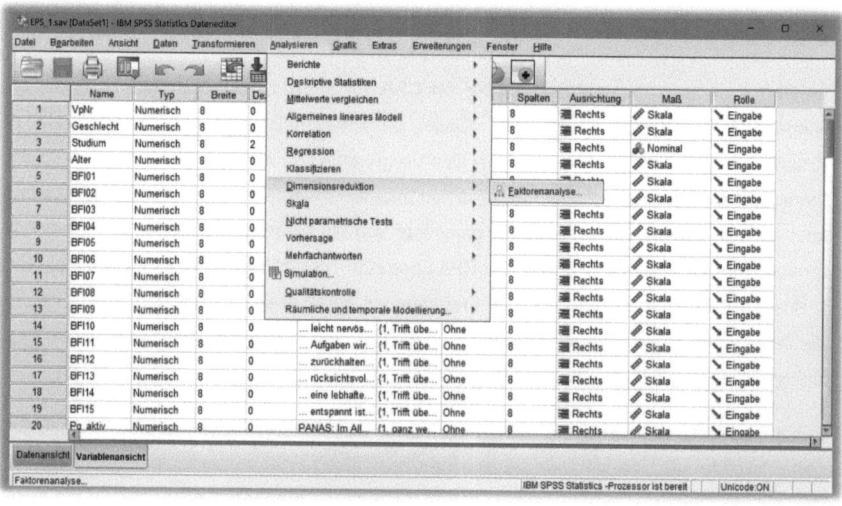

Abb. 1   SPSS: Aufruf der Faktorenanalyse
(eigene Darstellung aus SPSS)

9

Im neu geöffneten Fenster können nun die Variablen aus dem Datensatz ausgewählt werden, die in die Analyse miteinbezogen werden sollen. Wie in Abb. 2 zu sehen werden hierfür die relevanten Variablen markiert und durch das Klicken des oberen Pfeil-Buttons in den rechten Kasten verschoben.

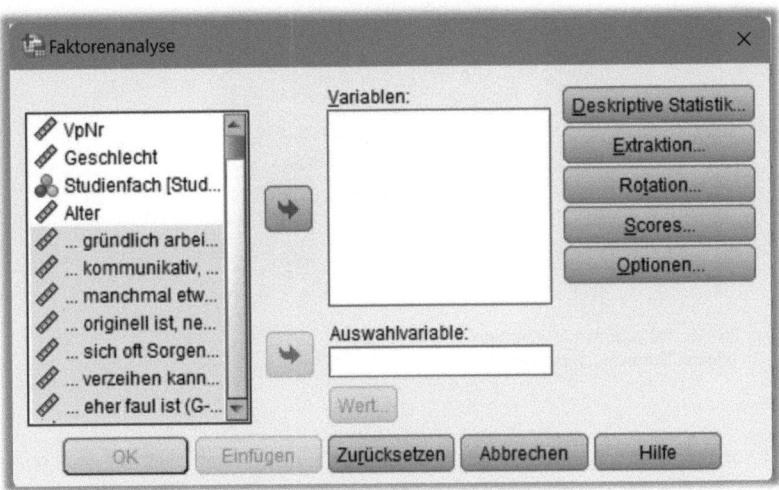

Abb. 2 SPSS: Auswahl der Variablen für die FA
(eigene Darstellung aus SPSS)

Unter dem ersten Menüpunkt „Deskriptive Statistik" (Siehe Abb. 3) werden die deskriptiven Statistiken und Kriterien ausgewählt, mithilfe derer die Eignung der Daten eingeschätzt werden kann. (Leonhart, 2014b, S. 73) Hierfür werden die Punkte „univariate deskriptive Statistiken" sowie die „Anfangslösung" angefordert. Darüber hinaus besteht die Möglichkeit den „KMO und Bartlett-Test auf Sphärizität" in die Analyse zu integrieren. Die Ergebnisse dieser Verfahren liefern später insbesondere Informationen darüber, ob die Korrelationsmatrix die Voraussetzungen für eine FA erfüllt. (Leonhart, 2014b, S. 71)

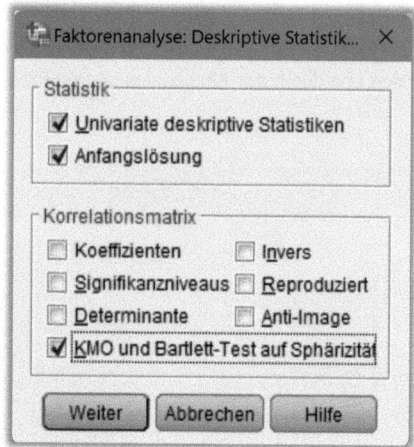

Abb. 3   SPSS: Deskriptive Statistiken
(eigene Darstellung aus SPSS)

Im nächsten Schritt wird nun der Menüpunkt „Extraktion" geöffnet (Siehe Abb. 4). An oberster Stelle kann eine von mehreren Methoden der Faktorenextraktion ausgewählt werden. Für das Beispiel wird die PCA verwendet. Eine geläufige Alternative wäre z. B. die Hauptachsenanalyse. Außerdem kann hier entschieden werden, ob die nicht rotierte Faktorlösung ausgegeben werden soll. Um die nicht rotierte mit der rotierten Lösung vergleichen zu können, wurde sich im Beispiel dafür entschieden. Da zu Beginn festgelegt wurde, dass die Bestimmung der Faktorenanzahl nach dem Kaiser-Guttman-Kriterium geschehen soll, ist im Beispiel die Extraktion von Faktoren mit einem Eigenwert größer als 1 gewählt worden. Ggf. kann auch eine vorher festgelegte Anzahl an Faktoren eingetragen werden.

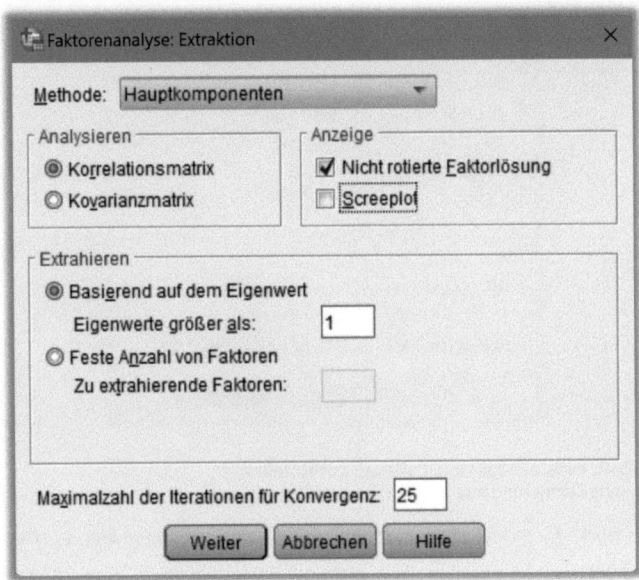

Abb. 4   SPSS: Einstellungsmöglichkeiten zur Extraktion
(eigene Darstellung aus SPSS)

Als nächstes erfolgt die Auswahl der Rotationsmethode unter dem Menüpunkt „Rotation"
(Siehe Abb. 5). Bei Rotationsmethoden werden rechtwinklige (orthogonale) und schiefwinklige
Rotationen unterschieden. Allgemein ist eher zu orthogonalen Methoden zu raten, da diese
leichter zu interpretierende Ergebnisse hervorbringen. (Leonhart, 2014b, S. 69) Eine empfeh-
lenswerte und sehr beliebte rechtwinklige Rotationsmethode ist die Varimax-Rotation, die auch
für das Beispiel herangezogen wird. (Leonhart, 2014b, S. 71) Diese liefert unkorrelierte Faktoren, sodass sich die Variablen deutlich zu den Faktoren zuordnen lassen. (Backhaus et al.,
2021, S. 462)

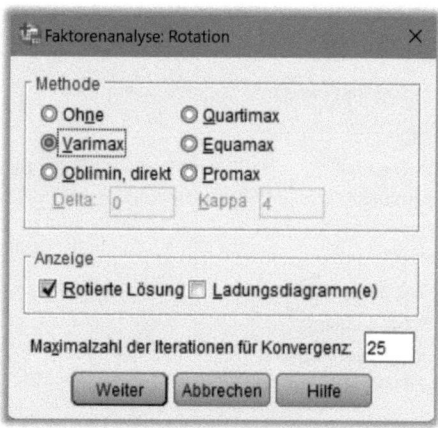

Abb. 5   SPSS: Einstellungsmöglichkeiten zur Rotation
(eigene Darstellung aus SPSS)

Zuletzt sollte noch der Punkt „Optionen" aufgerufen werden (Siehe Abb. 6). Hier wird dem Anwender die Möglichkeit gegeben die Ansicht der Faktorladungen übersichtlicher zu gestalten. Nützlich ist hierfür die Option, die Items nach der Größe der Faktorladungen zu sortieren. Darüber hinaus können zu kleine Absolutwerte unterdrückt werden. Empfehlenswert ist die Einstellung, Absolutwerte von unter 0,1 oder 0,3 zu unterdrücken. (Leonhart, 2014b, S. 72) Im Beispiel wurde sich für den Mindestwert 0,3 entschieden.

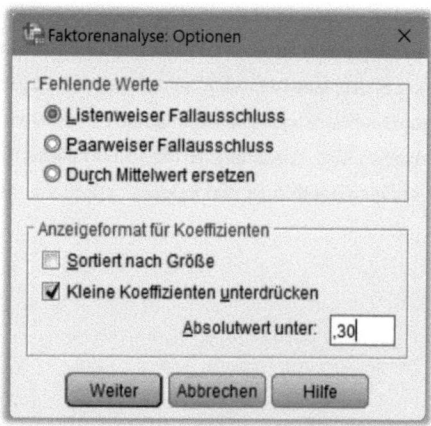

Abb. 6   SPSS: Sonstige Einstellungsmöglichkeiten
(eigene Darstellung aus SPSS)

Sobald die Einstellungen in den verschiedenen Untermenüs vorgenommen wurden, kann die FA mit „OK" gestartet werden. Im nächsten Schritt werden nun die Ergebnisse der FA in Anlehnung an die eben geschilderten Ablaufschritte besprochen. Der erste Schritt bei der Begutachtung der Ausgabe ist die Prüfung, ob die Korrelationsmatrix für eine FA geeignet ist. Einen ersten Überblick liefert hierfür die Ausgabe der deskriptiven Statistiken (Siehe Tab. 1), welche den Mittelwert, die Standardabweichung und die Anzahl der gültigen Fälle für jede Variable aufzeigt. Es lässt sich z. B. entnehmen, dass der Datensatz 100 Fälle umfasst. Somit ist der Datensatz ausreichend umfangreich, um eine FA durchzuführen. Weiter sollte überprüft werden, ob eine ausreichende Streuung (Standardabweichung) der Variablen vorliegt, da diese die Grundlage für hohe Korrelationen ist. (Leonhart, 2014b, S. 73)

Deskriptive Statistiken

	Mittelwert	Std.-Abweichung	Analyse N
... gründlich arbeitet (G)	5,40	1,146	100
... kommunikativ, gesprächig ist (E)	5,34	1,233	100
... manchmal etwas grob zu anderen ist (V-)	3,38	1,523	100
... originell ist, neue Ideen einbringt (O)	4,82	1,149	100
... sich oft Sorgen macht (N)	5,01	1,642	100
... verzeihen kann (V)	5,15	1,381	100
... eher faul ist (G-)	3,62	1,745	100
... aus sich heraus gehen kann, eher gesellig ist (E)	5,19	1,468	100
... künstlerische Erfahrungen schätzt (O)	5,07	1,653	100
... leicht nervös wird (N)	4,23	1,455	100
... Aufgaben wirksam und effektiv erledigt (G)	5,27	1,162	100
... zurückhaltend ist (E-)	3,76	1,538	100
... rücksichtsvoll und freundlich mit anderen umgeht (V)	5,67	,943	100
... eine lebhafte Phantasie, Vorstellung hat (O)	5,75	1,266	100
... entspannt ist, mit Stress gut umgehen kann (N-)	3,91	1,429	100

Tab. 1 SPSS: Ausgabe zu deskriptiven Statistiken
(eigene Darstellung aus SPSS)

Als nächstes liefert die Ausgabe die Ergebnisse des KMO- und Bartlett-Tests (Siehe Tab. 2). Das KMO-Kriterium beträgt 0,608 und spricht für eine eher mittelmäßige Eignung der Daten. Der kritische Wert von ,5 ist aber dennoch übertroffen. Der Bartlett-Test ist dahingehend eindeutig signifikant (p = ,000), sodass davon auszugehen ist, dass die Korrelationsmatrix keine Einheitsmatrix ist. (Backhaus et al., 2021, S. 463) Zusammenfassend kann die Realisierung einer FA mit den vorliegenden Daten als sinnvoll eingestuft werden.

KMO- und Bartlett-Test

Maß der Stichprobeneignung nach Kaiser-Meyer-Olkin.		,608
Bartlett-Test auf Sphärizität	Ungefähres Chi-Quadrat	367,628
	df	105
	Signifikanz nach Bartlett	,000

Tab. 2 SPSS: Ergebnisse des KMO- und Bartlett-Tests
(eigene Darstellung aus SPSS)

Tab. 3 behandelt die Kommunalitäten der Variablen. Wie für eine PCA üblich, liegen alle Kommunalitäten zu Beginn bei 1,0. Die Kommunalität gibt jeweils an, wie viel Varianz (Information) einer Variable durch die extrahierte Hauptkomponenten erklärt werden kann. (Backhaus et al., 2021, S. 438) Unterschreitet die Kommunalität bestimmter Variablen den Grenzwert von 0,4 muss davon ausgegangen werden, dass die Varianz der Variable nicht durch die Hauptkomponenten reproduziert wird. Im Beispiel trifft das auf die Variablen *„verzeihen kann"* (,324) und *„künstlerische Erfahrungen schätzt"* (,389) zu, sodass diese Variablen kritisch betrachtet und u. U. sogar aus der Analyse ausgeschlossen werden müssen. (Leonhart, 2014b, S. 74)

Kommunalitäten

	Anfänglich	Extraktion
... gründlich arbeitet (G)	1,000	,735
... kommunikativ, gesprächig ist (E)	1,000	,775
... manchmal etwas grob zu anderen ist (V-)	1,000	,679
... originell ist, neue Ideen einbringt (O)	1,000	,594
... sich oft Sorgen macht (N)	1,000	,575
... verzeihen kann (V)	1,000	,324
... eher faul ist (G-)	1,000	,543
... aus sich heraus gehen kann, eher gesellig ist (E)	1,000	,796
... künstlerische Erfahrungen schätzt (O)	1,000	,389
... leicht nervös wird (N)	1,000	,648
... Aufgaben wirksam und effektiv erledigt (G)	1,000	,692
... zurückhaltend ist (E-)	1,000	,662
... rücksichtsvoll und freundlich mit anderen umgeht (V)	1,000	,685
... eine lebhafte Phantasie, Vorstellung hat (O)	1,000	,643
... entspannt ist, mit Stress gut umgehen kann (N-)	1,000	,762

Extraktionsmethode: Hauptkomponentenanalyse.

Tab. 3   SPSS: Kommunalitäten der Variablen
(eigene Darstellung in SPSS)

Auf der folgenden Seite befindet sich Tab. 4 im Querformat. Diese listet die erklärte Gesamtvarianz der Komponenten auf. Die Tabelle wird nun von links nach rechts besprochen. Da zu Beginn genauso viele Komponenten wie Variablen extrahiert werden, sind in der Spalte „Anfängliche Eigenwerte" die Eigenwerte von 15 Faktoren aufgeführt. Der Eigenwert eines Faktors bzw. einer Komponente gibt den Anteil der Varianz an, den dieser Faktor an allen Variablen erklärt. (Brandt, 2020, S. 583) Die Dimensionsreduktion erfolgt nun im nächsten Schritt. An dieser Stelle kommt auch das Kaiser-Guttman-Kriterium ins Spiel. In der mittleren Spalte „Extrahierte Summen von quadrierten Ladungen" finden sich jetzt nur noch die ausgewählten Komponenten wieder, die einen Eigenwert größer als 1 aufweisen. Das sind im Beispiel insgesamt 5 Komponenten, die gemeinsam 63,358 % der Gesamtvarianz erklären.

Erklärte Gesamtvarianz

Komponente	Anfängliche Eigenwerte			Summen von quadrierten Faktorladungen für Extraktion			Rotierte Summe der quadrierten Ladungen		
	Gesamt	% der Varianz	Kumulierte %	Gesamt	% der Varianz	Kumulierte %	Gesamt	% der Varianz	Kumulierte %
1	2,854	19,028	19,028	2,854	19,028	19,028	2,161	14,408	14,408
2	2,003	13,354	32,382	2,003	13,354	32,382	1,999	13,324	27,732
3	1,766	11,775	44,157	1,766	11,775	44,157	1,980	13,197	40,929
4	1,568	10,452	54,609	1,568	10,452	54,609	1,718	11,455	52,384
5	1,312	8,748	63,358	1,312	8,748	63,358	1,646	10,974	63,358
6	,935	6,236	69,593						
7	,903	6,017	75,611						
8	,774	5,163	80,774						
9	,603	4,022	84,796						
10	,532	3,548	88,344						
11	,471	3,137	91,481						
12	,407	2,713	94,194						
13	,352	2,348	96,542						
14	,299	1,991	98,533						
15	,220	1,467	100,000						

Extraktionsmethode: Hauptkomponentenanalyse.

Tab. 4 SPSS: Erklärte Gesamtvarianz
(eigene Darstellung aus SPSS)

17

Während sich die mittlere Spalte auf das Ergebnis vor der Rotation bezieht, können rechts in der Spalte „Rotierte Summe der quadrierten Ladungen" die Verteilungen der Eigenwerte nach der Rotation abgelesen werden. Die extrahierten Komponenten bleiben hierbei unverändert. (Leonhart, 2014b, S. 76)

Bei Tab. 5 handelt es sich um die ursprüngliche Komponentenmatrix. Diese zeigt die Korrelation zwischen den Variablen und den extrahierten und zunächst nicht rotierten Komponenten. Hier lässt sich also nachvollziehen, auf welche Komponenten die Variablen jeweils wie hoch laden. Da es sich hierbei um die noch nicht rotierte Lösung handelt kann noch keine eindeutige Struktur abgelesen werden.

Komponentenmatrix[a]

	Komponente				
	1	2	3	4	5
... aus sich heraus gehen kann, eher gesellig ist (E)	,796				
... kommunikativ, gesprächig ist (E)	,733			-,398	
... sich oft Sorgen macht (N)	-,668				
... leicht nervös wird (N)	-,592	-,402			
... zurückhaltend ist (E-)	-,485		-,310	,312	,452
... Aufgaben wirksam und effektiv erledigt (G)		,715			
... gründlich arbeitet (G)	-,371	,712	,301		
... eher faul ist (G-)		-,609	-,335		
... rücksichtsvoll und freundlich mit anderen umgeht (V)			-,581	,538	
... manchmal etwas grob zu anderen ist (V-)		-,347	,580		,314
... verzeihen kann (V)			-,545		
... eine lebhafte Phantasie, Vorstellung hat (O)				,722	
... künstlerische Erfahrungen schätzt (O)				,544	
... entspannt ist, mit Stress gut umgehen kann (N-)	,530				,616
... originell ist, neue Ideen einbringt (O)	,324		,388		,486

Extraktionsmethode: Hauptkomponentenanalyse.

a. 5 Komponenten extrahiert

Tab. 5 SPSS: Komponentenmatrix
(eigene Darstellung aus SPSS)

Erst Tab. 6, die rotierte Komponentenmatrix, kann als finales Ergebnis verstanden werden. Analog zur vorherigen Tabelle werden nun die Korrelationen der Variablen zu den rotierten Komponenten aufgezeigt. Trotz einzelner Mehrfachladungen ist die Zuordnung übersichtlicher und das Ergebnis somit sinnvoller zu interpretieren.

Rotierte Komponentenmatrix[a]

	Komponente				
	1	2	3	4	5
... kommunikativ, gesprächig ist (E)	,852				
... aus sich heraus gehen kann, eher gesellig ist (E)	,806				
... zurückhaltend ist (E-)	-,738				
... gründlich arbeitet (G)		,824			
... Aufgaben wirksam und effektiv erledigt (G)		,809			
... eher faul ist (G-)		-,728			
... entspannt ist, mit Stress gut umgehen kann (N-)			,869		
... leicht nervös wird (N)	-,323		-,696		
... sich oft Sorgen macht (N)	-,320	,303	-,610		
... manchmal etwas grob zu anderen ist (V-)				-,798	
... rücksichtsvoll und freundlich mit anderen umgeht (V)				,784	
... verzeihen kann (V)				,469	
... eine lebhafte Phantasie, Vorstellung hat (O)					,780
... künstlerische Erfahrungen schätzt (O)					,621
... originell ist, neue Ideen einbringt (O)			,345	-,416	,547

Extraktionsmethode: Hauptkomponentenanalyse.
Rotationsmethode: Varimax mit Kaiser-Normalisierung.

a. Die Rotation ist in 6 Iterationen konvergiert.

Tab. 6   SPSS: Rotierte Komponentenmatrix
(eigene Darstellung aus SPSS)

Bei der inhaltlichen Interpretation der ermittelten 5 Faktoren kann das Programm leider keine Unterstützung bieten. Der Anwender muss also selbstständig passende Bezeichnungen ableiten. Hierbei gilt zu beachten, dass ein negatives Vorzeichen der Faktorladungen auf invertierte Variablen hinweist. Falls sich die Benennung und Interpretation sehr schwierig gestaltet, sollte eine alternative Rotation in Betracht gezogen werden. Im Beispielfall sind die Hauptkomponenten jedoch deutlich den „Big Five" Persönlichkeitsdimensionen zuzuordnen:

Faktor 1:   Extraversion

Faktor 2:   Gewissenhaftigkeit

Faktor 3:   Neurotizismus

Faktor 4:   Verträglichkeit

Faktor 5:   Offenheit

An letzter Stelle der SPSS-Ausgabe steht die sog. „Komponententransformationsmatrix", welche die vorgenommene Rotation beschreibt. Diese Daten sind für die Interpretation der Ergebnisse nicht von Bedeutung und können für gewöhnlich außen vor gelassen werden. (Leonhart, 2014b, S. 79)

Zusammenfassend kann festgehalten werden, dass die FA mithilfe von SPSS schnell und einfach zum gewünschten Ergebnis führt. Die Kernziele der FA, die Strukturierung und Reduktion der Daten, konnte durch die erfolgreiche Extraktion von Faktoren bzw. Hauptkomponenten erfüllt werden. Nichtsdestotrotz möchte der Autor an dieser Stelle nochmals darauf hinweisen, dass es sich bei der PCA grundsätzlich nicht um eine FA handelt, sondern um ein eigenständiges Verfahren, das einige nicht zu vernachlässigende Unterschiede aufweist. Es muss bei der Anwendung ausdrücklich beachtet werden, dass sich die PCA nicht dazu eignet inhaltliche Hypothesen über die Art einer Faktorenstruktur zu erörtern. (Bortz & Schuster, 2010, S. 396; Brandt, 2020, S. 587–588) Nichtsdestotrotz ist die PCA eines der am häufigsten angewandten Methoden zur Faktorenextraktion in der Psychologie und führt, wie das Beispiel veranschaulicht, durchaus zu brauchbaren Ergebnissen.

2. Cronbachs Alpha

2.1 Allgemein

Cronbachs Alpha stellt eine der klassischen Formeln zur Schätzung der Reliabilität eines Messinstruments dar. (Moosbrugger & Kelava, 2020, S. 28) Cronbachs Alpha sagt z. B. etwas über die Messgenauigkeit der einzelnen Skalen eines Fragebogens aus. Dabei wird der Cronbachs-Alpha-Wert oftmals mit der internen (inneren) Konsistenz einer Skala oder eines Tests gleichgesetzt. (Hossiep, 2021) Das Konzept der internen Konsistenz beruht auf der Annahme, dass die Items einer gleichdimensionierten Skala positiv untereinander korrelieren, da diese das gleiche theoretische Konstrukt erfassen sollen. (Eckstein, 2016, S. 317) Die interne Konsistenz kann daher auch als Anteil der gemeinsamen Varianz an der Gesamtvarianz der relevanten Items definiert werden. (Krumm, Schmidt-Atzert & Amelang, 2021, S. 143) Die vereinfachte Formel für Cronbachs Alpha lautet:

$$\alpha = \frac{a}{a-1} \times \left[1 - \frac{a}{a+2b}\right]$$

a = Anzahl der Items

b = Summe der Korrelationskoeffizienten zwischen den Items
(Quelle: Janssen & Laatz, 2017, S. 612)

Soll eine Reliabilitätsanalyse zu einem Fragebogen durchgeführt werden, so muss der Cronbachs-Alpha-Wert für jede Skala einzeln berechnet werden. (Janssen & Laatz, 2017, S. 92) Die Aussagekraft der Reliabilitätsschätzung mittels Cronbachs Alpha ist von der Erfüllung der Voraussetzungen abhängig. Cronbachs Alpha ergibt z. B. nur dann korrekte Schätzwerte, wenn die verwendeten Items eindimensional sind und als Indikatoren einer latenten Variable fungieren, welche signifikante Faktorladungen aufweisen. Um dies zu überprüfen kann eine CFA herangezogen werden. (Gäde, Schermelleh-Engel & Werner, 2020, S. 318; Krebs & Menold, 2019, S. 499)

Bei der Interpretation der Ergebnisse ist schließlich zu beachten, dass die Werte von Cronbachs Alpha neben der Itemkorrelation (Homogenität) auch von der Trennschärfe sowie der Anzahl der Items abhängig sind. (Gäde, Schermelleh-Engel & Werner, 2020, S. 322; Krebs & Menold, 2019, S. 495) Das Zustandekommen eines hohen Alpha-Werts muss also stets hinterfragt werden und in Relation zur Itemanzahl betrachtet werden, um bei der Interpretation keine fehlerhaften Schlüsse zu ziehen. In der Regel werden (in Abhängigkeit der Anzahl von

Items) Werte ab ‚80 als gut bezeichnet. (Leonhart, 2014b, S. 84; Wentura & Pospeschill, 2015, S. 160)

Zusammenfassend wird die Berechnung des Cronbachs-Alpha-Koeffizienten herangezogen, wenn die interne Konsistenz, also die Gleichsinnigkeit, einer oder mehrerer Skalen eines Fragebogens oder Tests bestimmt werden soll. Im Folgenden wird die Berechnung des Cronbachs-Alpha-Koeffizienten mittels SPSS demonstriert.

2.2 Berechnung mit SPSS

Zur Demonstration des Vorgehens bei der Reliabilitätsanalyse mittels SPSS wird ein weiteres Mal der Beispieldatensatz „EPS_1.sav" herangezogen. Es soll die Frage beleuchtet werden, wie hoch die interne Konsistenz der Skala „Offenheit" ausgeprägt ist. Es werden also die Variablen 8, 13 und 17 in die Analyse integriert, da diese im Rahmen der vorherigen Teilaufgabe dem interessierenden Faktor zugeordnet wurden. Die Ergebnisse sollen schließlich Informationen liefern, die für eine potenziell notwendige Optimierung der Skala nützlich sind. Wie Abb. 10 verbildlicht, wird die Reliabilitätsanalyse in SPSS unter dem Reiter „Analysieren – Skala – Reliabilitätsanalyse" aufgerufen.

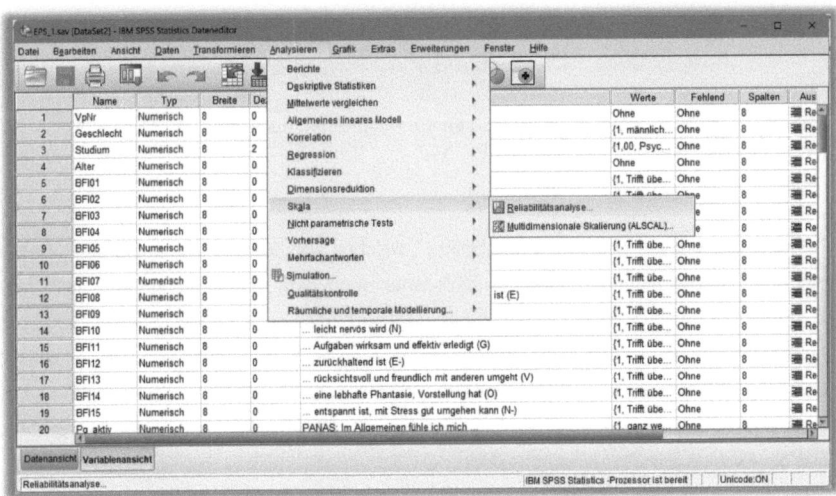

Abb. 7 SPSS: Aufruf der Reliabilitätsanalyse
(eigene Darstellung aus SPSS)

Wie üblich müssen zu Beginn die relevanten Variablen ausgewählt werden. Zuvor wird überprüft, ob die Items in dieselbe Richtung gepolt sind, da sonst eine Umkodierung der abweichend gepolten Items durchgeführt werden muss. (Budischewski, 2019, S. 119) Im Beispielfall korrelieren jedoch alle Variablen positiv mit der zugrunde gelegten Skala zum Faktor „Offenheit". Wie in Abb. 8 werden nun die interessierenden Items markiert und mithilfe des oberen Pfeil-Buttons in das Analysefenster verschoben. Für die Reliabilitätsanalyse mittels Cronbachs Alpha ist außerdem entscheidend, dass in der Zeile „Modell" das Kürzel „Alpha" selektiert ist.

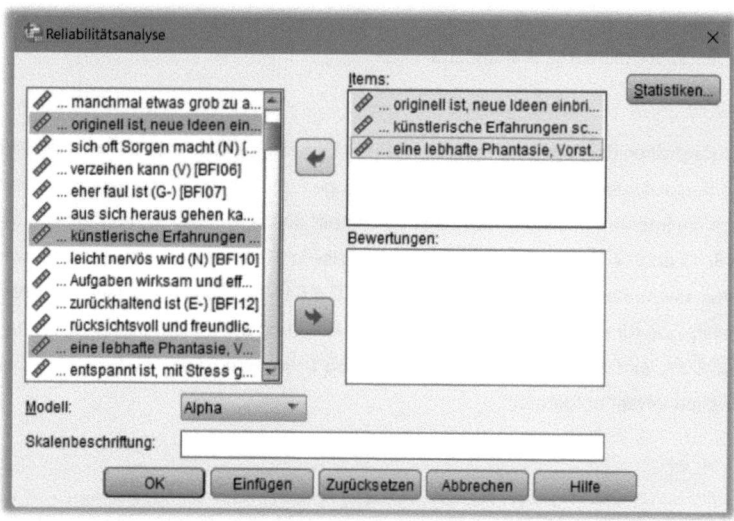

Abb. 8   SPSS: Auswahl der Variablen für die Reliabilitätsanalyse
(eigene Darstellung aus SPSS)

Als nächstes wird das Untermenü „Statistiken", welches Abb. 9 entspricht, aufgerufen, um die restlichen Einstellungen bezüglich verschiedener Kennwerte und Berechnungen vorzunehmen. Für das Beispiel werden deskriptive Statistiken zu den Items und der Skala angefordert. Außerdem kann die letzte Option „Skala wenn Item gelöscht" nützliche Informationen liefern, die die Identifikation ungeeigneter Items erleichtern. (Leonhart, 2014b, S. 93) Sobald die Kästchen ausgewählt sind, werden die Einstellungen mit „Ok" übernommen. Anschließend wird nun die Analyse mit „Weiter" durchgeführt.

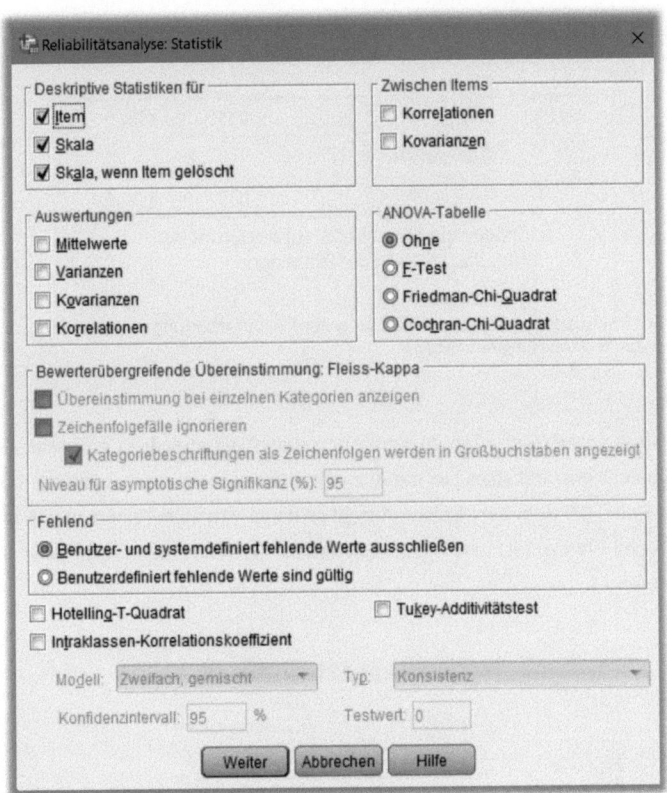

Abb. 9 SPSS: Einstellungsmöglichkeiten zur Statistik
(eigene Darstellung aus SPSS)

Die nun erscheinende Ausgabe besteht aus insgesamt vier Tabellen, die nun der Reihe nach erläutert werden. Tab. 7 enthält zunächst die „Zusammenfassung der Fallverarbeitung", aus welcher zu entnehmen ist, wie viele Datensätze für die Analyse verwendet werden können. Bei fehlenden Werten aufgrund einer unvollständigen Beantwortung der Items werden die betroffenen Datensätze aus der Analyse ausgeschlossen. (Budischewski, 2019, S. 121) Im Beispielfall können alle 100 Fälle miteinbezogen werden.

Zusammenfassung der Fallverarbeitung

		N	%
Fälle	Gültig	100	100,0
	Ausgeschlossen[a]	0	,0
	Gesamt	100	100,0

a. Listenweise Löschung auf der Grundlage
aller Variablen in der Prozedur.

Tab. 7 SPSS-Ausgabe: Zusammenfassung der Fallverarbeitung
(eigene Darstellung aus SPSS)

Die folgende Ausgabe (Siehe Tab. 8) enthält den ausschlaggebenden Cronbachs-Alpha-Wert. Wie bereits erläutert spielt hier die Anzahl der Items, die in diesem Fall nur 3 beträgt, eine große Rolle. Bei einer sehr kleinen Anzahl an Items ist also mit einem vergleichsweisen niedrigen Alpha-Wert zu rechnen. Nichtsdestotrotz ist der Wert ,462 als nichtmehr akzeptabel einzustufen.

Reliabilitätsstatistiken

Cronbachs Alpha	Anzahl der Items
,462	3

Tab. 8 SPSS-Ausgabe: Reliabilitätsstatistiken
(eigene Darstellung aus SPSS)

Im nächsten Teil der Ausgabe (Siehe Tab. 9) können die Mittelwerte und Standardabweichungen zu den einzelnen Items abgelesen werden. Auffällige Werte können Hinweise auf mögliche Decken- oder Bodeneffekte sein. Dies ist problematisch, da hierrunter u. U. die Varianz der Items leidet und dies zu einer Verzerrung im Rahmen der Berechnung des Reliabilitätskoeffizienten führen kann. (Leonhart, 2014b, S. 95)

Itemstatistiken

	Mittelwert	Std.-Abweichung	N
... originell ist, neue Ideen einbringt (O)	4,82	1,149	100
... künstlerische Erfahrungen schätzt (O)	5,07	1,653	100
... eine lebhafte Phantasie, Vorstellung hat (O)	5,75	1,266	100

Tab. 9 SPSS-Ausgabe: Itemstatistiken
(eigene Darstellung aus SPSS)

Die Ausgabe „Item-Skala-Statistiken" (Siehe Tab. 10) enthält nun jene Informationen, die für die Optimierung der Skala hilfreich sind. Zunächst sollte die Spalte „Korrigierte Item-Skala-Korrelation" betrachtet werden. Bei den hier abzulesenden Werten handelt es sich um die korrigierten Trennschärfen zu den einzelnen Items. Die Trennschärfe eines Items spiegelt die Korrelation dieses Items mit allen anderen Items dieser Skala wider. Im Normalfall sollten die Trennschärfen einen Wert von über ,30 annehmen. (Budischewski, 2019, S. 122) Unterschreiten einzelne Items diesen kritischen Wert, wird in der Spalte „Cronbachs Alpha, wenn Item weggelassen" überprüft, ob ein Ausschließen des Items den Cronbachs-Alpha-Wert erhöhen würde. Obwohl im Beispielfall das Item „originell ist, neue Ideen einbringt" einen niedrigeren Wert als ,30 aufweist, würde das Streichen des Items zu keiner Steigerung des Alpha-Werts führen.

Item-Skala-Statistiken

	Skalenmittelwert, wenn Item weggelassen	Skalenvarianz, wenn Item weggelassen	Korrigierte Item-Skala-Korrelation	Cronbachs Alpha, wenn Item weggelassen
... originell ist, neue Ideen einbringt (O)	10,82	5,462	,259	,412
... künstlerische Erfahrungen schätzt (O)	10,57	3,561	,301	,357
... eine lebhafte Phantasie, Vorstellung hat (O)	9,89	4,806	,317	,313

Tab. 10 SPSS-Ausgabe: Item-Skala-Statistiken
(eigene Darstellung aus SPSS)

Wird bei der Interpretation der Ausgabe festgestellt, dass die Streichung einzelner Items die interne Konsistenz verbessern würde, so muss die Analyse wiederholt werden. Da bei einer wiederholten Berechnung jeweils nur ein Item gleichzeitig ausgeschlossen werden kann, wird zunächst nur das unpassendste Item nichtmehr berücksichtigt. Schließlich wird die Analyse so lange wiederholt, bis der maximale Cronbachs-Alpha-Wert erzielt wird. (Leonhart, 2014b, S. 95)

Zusammenfassend lässt sich Folgendes festhalten: Die Reliabilitätsanalyse mittels Cronbachs Alpha liefert nicht nur einen Kennwert zur internen Konsistenz. Gleichzeitig kann die SPSS-Ausgabe gezielt zur Optimierung der Skala eingesetzt werden. Insbesondere die Item-Skala-Statistiken unterstützen bei der Frage, welche Items beibehalten werden sollten und welche eher unpassend sind. Im Beispielfall war eine Anpassung der Skala im Sinne einer Streichung von Items nicht sinnvoll. Das Beibehalten der Skala ist jedoch kritisch zu hinterfragen, da die interne Konsistenz zu gering ist. Es ist ratsam die Analyse mit umformulierten Items zu wiederholen. Kommt es dennoch zu Schwierigkeiten einen akzeptablen Cronbachs-Alpha-Wert zu erzielen, sollte außerdem eine Erhöhung der Itemanzahl in Erwägung gezogen werden.

3. Analyse der Stichprobe aus dem Datensatz „EPS_1.sav"

Im Rahmen dieser Teilaufgabe erfolgt eine deskriptive und interferenzstatistische Analyse der im bereits bekannten Datensatz „EPS_1.sav" enthaltenen Stichprobe mittels SPSS. Die Daten basieren auf einer Befragung von insgesamt 100 Studierenden, wobei es sich inhaltlich um Persönlichkeitsmerkmale (Big-Five, Affektivität, Emotionsausdruck) sowie Gesundheitsaspekte handelt. Die Analyse wird durch eine deskriptive Beschreibung der Stichprobe mit grafischer Darstellung ausgewählter Variablen eingeleitet und durch eine Clusteranalyse sowie eine darauffolgende interferenzstatistische Analyse vertieft.

3.1 Deskriptive Statistiken

Zu Beginn einer Datenanalyse ist es üblich eine deskriptive Beschreibung der Stichprobe vorzunehmen, um sich einen Überblick über die vorliegenden Daten zu verschaffen. Für die nominalskalierte Variable „Geschlecht" wurde daher eine Häufigkeitsverteilung durchgeführt.

Statistiken

Geschlecht

N	Gültig	100
	Fehlend	0

Tab. 11   SPSS-Ausgabe: Statistiken zur Variable Geschlecht
(eigene Darstellung aus SPSS)

Laut Tab. 11 liegen bei der Angabe des Geschlechts keine fehlenden Werte vor, sodass alle 100 Befragte (N = 100) bei der Häufigkeitsverteilung berücksichtigt werden können. Tab. 12 enthält nun die eigentliche Häufigkeitsverteilung zur Variablen Geschlecht. Es ist zu entnehmen, dass von den insgesamt 100 Befragte 29 (29 %) Personen männlich und 71 (71 %) Personen weiblich sind. Folglich enthält die Stichprobe mehr als doppelt so viele Frauen wie Männer.

Geschlecht

		Häufigkeit	Prozent	Gültige Prozente	Kumulierte Prozente
Gültig	männlich	29	29,0	29,0	29,0
	weiblich	71	71,0	71,0	100,0
	Gesamt	100	100,0	100,0	

Tab. 12 SPSS-Ausgabe: Häufigkeitsverteilung zur Variable Geschlecht
(eigene Darstellung aus SPSS)

Für intervallskalierte Variablen ist das Anfordern von deskriptiven Statistiken sinnvoll. (Leonhart, 2014a, S. 40) Für die Variable Alter wurde daher das Minimum, das Maximum, der Mittelwert sowie die Standardabweichung berechnet. Die Ausgabe (Siehe Tab. 13) ergibt N = 100, alle Fälle sind gültig.

Deskriptive Statistik

	N	Minimum	Maximum	Mittelwert	Std.-Abweichung
Alter	100	18	55	24,36	6,213
Gültige Werte (Listenweise)	100				

Tab. 13 SPSS-Ausgabe: Deskriptive Statistik zur Variable Alter
(eigene Darstellung aus SPSS)

Das Alter der jüngsten Person beträgt 18 Jahre und das der ältesten Person 55 Jahre. Dabei ergibt sich ein Durchschnittsalter von 24,36 Jahren bei einer Standardabweichung von 6,213. Das bedeutet, dass sich die meisten Befragten in einer Alterspanne zwischen ca. 18 und 31 Jahren bewegen. Die genaue Häufigkeitsverteilung bezüglich des Alters befindet sich in den Anlagen (Siehe Anl. 1).

Von besonderem Interesse sind in dieser Beispielanalyse außerdem die Variablen der positiven Affektivität „PA_g" und der negativen Affektivität „NA_g" sowie der Symptombericht „PILL_SUM". Bevor die Variablen deskriptiv beschrieben und grafisch dargestellt werden, sollen diese zunächst näher erläutert werden. Bei „PA_g" und „NA_g" handelt es sich um Itemmittelwerte bestehend aus mehreren Einzelitems der „Positive and Negative Affect Schedule"

(PANAS). Die insgesamt 20 Einzelitems erfassen den allgemeinen Gemütszustand (z. B. „interessiert", „ängstlich", etc.) der Befragten mittels einer fünftstufigen Intervallskala (1 = „ganz wenig oder garnicht"; 5 = „äußerst"). (Breyer & Bluemke, 2016, S. 1; Döring & Bortz, 2016b, S. 233–234) „PA_g" berechnet davon ausgehend das durchschnittliche Ausmaß der positiven bzw. angenehmen Emotionen (positiver Affekt), während „NA_g" das durchschnittliche Ausmaß an negativen bzw. unangenehmen Emotionen (negativer Effekt) erfasst. Folglich nehmen diese Variablen numerische Werte zwischen 1 und 5 an. Je größer der Wert, desto höher ist auch die Ausprägung des Merkmals. Tab. 14 zeigt die Zugehörigkeit der Einzelitems zu den Variablen des Positiven und Negativen Affekts.

Positiver Affekt (PA_g)	Negativer Affekt (NA_g)
aktiv	bekümmert
interessiert	verärgert
freudig erregt	schuldig
stark	erschrocken
angeregt	feindselig
stolz	gereizt
begeistert	beschämt
wach	nervös
entschlossen	durcheinander
aufmerksam	ängstlich

Tab. 14 Zuordnung der Einzelitems zu den Variablen Positiver („PA_g") bzw. Negativer Affekt („NA_g") (eigene Darstellung)

Für die deskriptive Beschreibung der intervallskalierten Variablen bietet sich die Berechnung der Lageparameter Mittelwert und Median sowie der Verteilungsparameter Standardabweichung, Varianz und Minimum/Maximum an. (Budischewski, 2019, S. 44) Wie aus Tab. 15 hervorgeht, beträgt N = 1, somit wurde insgesamt 1 Fall ausgeschlossen, bei welchem keine vollständigen Informationen vorliegen. Der Mittelwert gibt jeweils an, welche Antwort im Durchschnitt am häufigsten gewählt wurde. Bei den Items zur Positiven Affektivität sind die am häufigsten gewählten Antworten „einigermaßen" (3) und „erheblich" (4), da der Mittelwert bei etwa 3,38 mit einer Standardabweichung von 0,44 liegt. Im Gegensatz dazu ist der Mittelwert bei den Items zur Negativen Affektivität erkennbar geringer und beträgt bei einer Standardabweichung von 0,56 in etwa 1,76. Die durchschnittlichen Antworten sind „ganz wenig oder gar nicht" (1) sowie „ein bisschen" (2). Das beschriebene durchschnittliche Antwortverhalten wird durch die jeweiligen Mediane (3,40 bzw. 1,60) bestätigt. Auch ausgehend vom Minimum und

Maximum lässt sich ableiten, dass die Antworten zur negativen Affektivität im Vergleich zur positiven Affektivität eher im unterem Bereich konzentriert sind.

Statistiken

		Positive Affektivität PANAS	Negative Affektivität PANAS
N	Gültig	99	99
	Fehlend	1	1
Mittelwert		3,3756	1,7626
Median		3,4000	1,6000
Std.-Abweichung		,44392	,55871
Minimum		2,20	1,00
Maximum		4,60	3,90

Tab. 15 SPSS-Ausgabe: Deskriptive Statistiken zu den Variablen
Positiver („PA_g") und Negativer Affekt („NA_g")
(eigene Darstellung aus SPSS)

Zur grafischen Veranschaulichung und einfacheren Interpretation der Ergebnisse wurden zwei Histogramme (Siehe Abb. 10 und 11) erstellt. Beide Verteilungskurven sind unimodal, weisen jedoch Unterschiede auf. Während die Verteilung bei „PA_g" eher symmetrisch und gleichmäßig ist, kann bei „NA_g" eine linkssteile Verteilung beobachtet werden. (Bortz & Schuster, 2010, S. 42) Dies unterstreicht die bereits angedeutete Tendenz, dass in der Stichprobe die positiven Emotionen und somit der positive Affekt deutlich überwiegen.

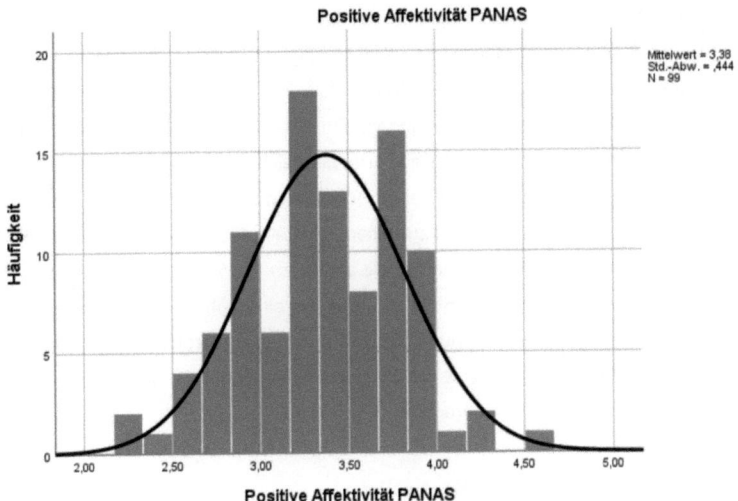

Abb. 10 SPSS-Ausgabe: Histogramm zur Positiven Affektivität („PA_g")
(eigene Darstellung aus SPSS

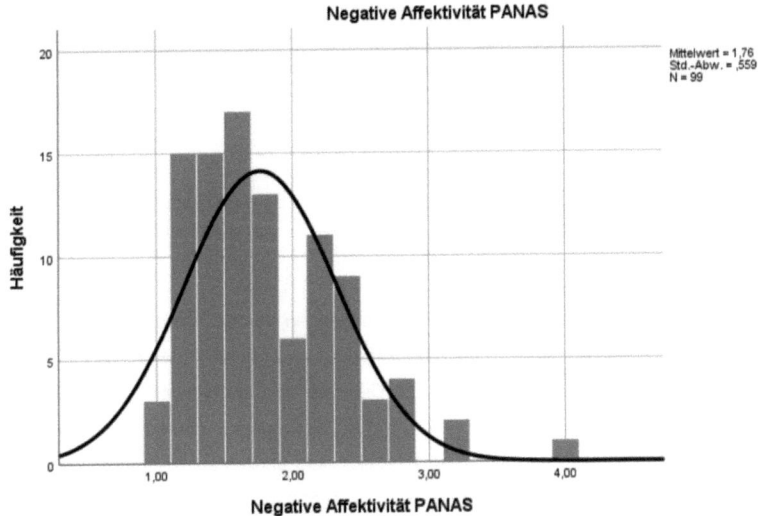

Abb. 11 SPSS-Ausgabe: Histogramm zur Negativen Affektivität („NA_g")
(eigene Darstellung aus SPSS)

Der Symptombericht „PILL_SUM" stammt dahingegen aus dem „Pennebaker Inventory of Limbic Languidnes" (PILL), welcher aus insgesamt 54 Items besteht und die Einschätzung zur Häufigkeit üblicher physischer Symptome und Empfindungen der Befragten erfasst. Auf einer fünfstufigen Intervallskala (Döring & Bortz, 2016b, S. 233–234) (1 = „nie oder selten"; 5 = „häufiger als einmal pro Woche") wird pro Item angegeben, wie häufig das jeweilige Symptom in den letzten 12 Monaten aufgetreten ist. Daraus errechnet sich der Summenwert „PILL-SUM", welcher auf der Addition jener Itemwerte beruht, für dessen Items der Befragte angibt, das Symptom mindestens einmal im Monat aufzuweisen. (Epstein, Sloan & Marx, 2005, S. 4) Die Variable nimmt folglich numerische Werte an, die zwischen 0 und 270 liegen können. Eine hohe Ausprägung des Werts von PILL-SUM ist dabei auf eine hohe Anzahl an Symptomen sowie eine hohe Häufigkeit der auftretenden Symptome zurückzuführen. Zur deskriptiven Beschreibung der intervallskalierten Variable werden nun wieder Mittelwert, Median, Standardabweichung sowie Minimum/Maximum berechnet.

Statistiken

Summe Symptome PILL

N	Gültig	99
	Fehlend	1
Mittelwert		103,9091
Median		100,0000
Std.-Abweichung		24,59264
Minimum		59,00
Maximum		180,00

Tab. 16 SPSS-Ausgabe: Deskriptive Statistik zum Symptombericht („PILL_SUM")
(eigene Darstellung aus SPSS)

In die Berechnungen konnten insgesamt 99 Fälle einbezogen werden (N = 99), da eine Person keine vollständigen Angaben gemacht hat. Der Mittelwert liegt bei einem Wert von ca. 103,91 mit einer Standardabweichung von etwa 24,59. Die meisten Summenwerte der Stichprobe befinden sich also im Bereich zwischen ca. 80 und 130. Das Balkendiagramm (Siehe Abb. 12) verdeutlicht diese Verteilung. Der Median befindet sich sehr ähnlich zum Mittelwert bei einem Wert von 100. Unter den 100 Befragten liegt der minimal erzielte Summenwert bei 59, sodass je nach Häufigkeitsangabe die minimale Anzahl an Symptomen, die mindestens monatlich auftreten, in etwa zwischen 12 und 19 liegt. Das Maximum von 180 lässt dahingegen schließen, dass je nach Häufigkeitsangabe die maximale Anzahl an Symptomen, die mindestens monatlich auftreten, in etwa zwischen 36 und 54 liegt. Das folgende Balkendiagramm veranschaulicht zudem, dass sich ein deutlicher Pik bei einem Wert von 92 befindet.

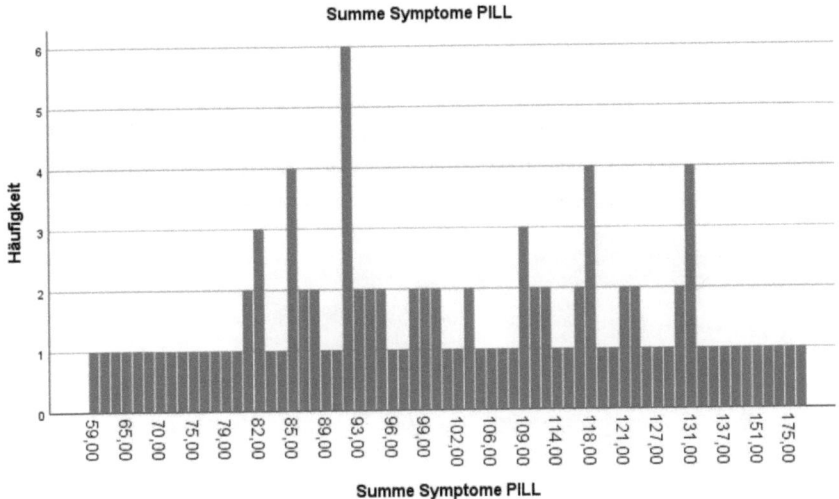

Abb. 12 SPSS-Ausgabe: Balkendiagramm zum Symptombericht („PILL_SUM")
(eigene Darstellung aus SPSS)

3.2 Clusteranalyse

Im Folgenden soll eine hierarchische Clusteranalyse auf Basis der Variablen „Geschlecht", „Alter", „Positiver Affekt" („Pa_g") und „Negativer Affekt" („Na_g") durchgeführt werden, um homogene Personengruppen in der Stichprobe zu identifizieren. Hierbei wird von vornherein eine zwei-Cluster-Lösung angestrebt. Bei der vorgegebenen Variablenauswahl ist zu berücksichtigen, dass die Variable „Geschlecht" nominalskaliert ist und damit den restlichen intervallskalierten Variablen gegenübersteht. Dies ist insofern problematisch, da die Clusteranalyse grundlegend ein einheitliches Skalenniveau aller berücksichtigten Variablen voraussetzt. Im Zweifelsfall sollten alle Variablen auf das niedrigste vorkommende Skalenniveau heruntertransformiert werden. (Leonhart, 2014b, S. 30) Eine Transformation von intervallskalierten Variablen in ein nominales Skalenniveau führt jedoch zu einem sehr großen Informationsverlust. (Döring & Bortz, 2016b, S. 257) Dies wäre also nicht sinnvoll und zielführend. Für die Demonstration der Clusteranalyse wird daher im Folgenden so mit den Daten gehandhabt, als

34

würde es sich um einheitlich intervallskalierte Daten handeln. Dies wird mit dem Wissen getan, dass die Ergebnisse aufgrund des eigentlich gemischten Skalenniveaus keine praktische Aussagekraft besitzen.

Für die Analyse wird vorab ein Fall (60) von den ursprünglich 100 Fällen eliminiert, da hier bei einigen Variablen keine Werte vorliegen und es dadurch zu einer Verzerrung kommen könnte. Schließlich werden insgesamt 99 Fälle ohne fehlende Werte in die Analyse einbezogen. Um die intervallskalierten Variablen mit teilweise unterschiedlichen Skalen vergleichbar zu machen, wird außerdem eine Z-Transformation durchgeführt. (Eckstein, 2019, S. 490) Dies wird erzielt, indem letztlich alle standardisierten Variablen einen Mittelwert von 0 und eine Varianz von 1 besitzen. (Backhaus et al., 2021, S. 496; Hedderich & Sachs, 2018, S. 266)

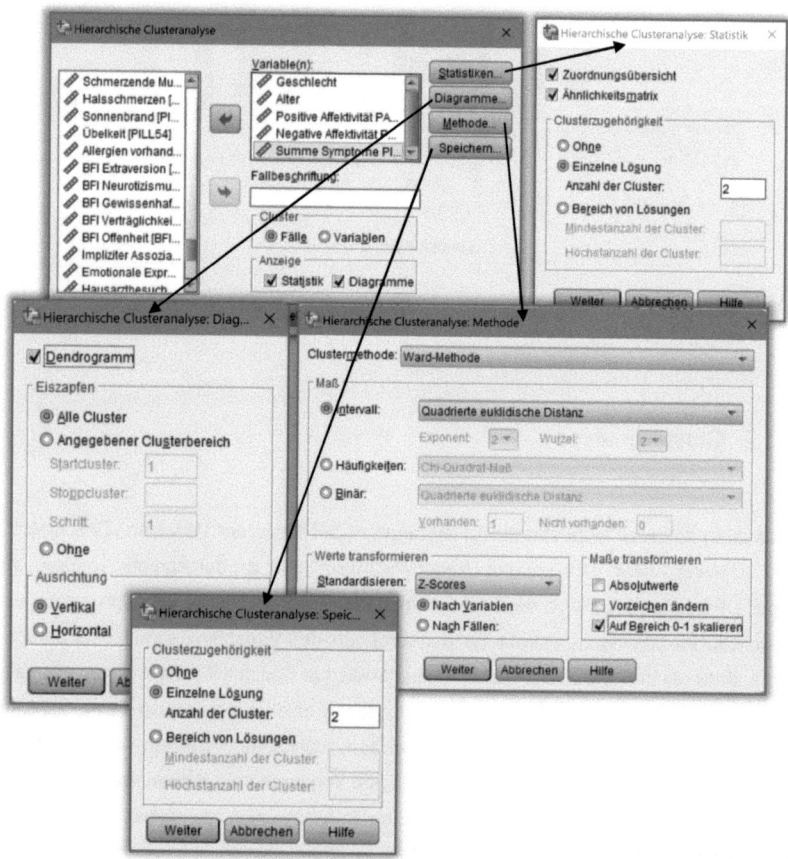

Abb. 13   SPSS: Vorgehensweise bei der Durchführung der Clusteranalyse in SPSS
(eigene Darstellung in SPSS)

Bei der Auswahl des passenden Distanzmaßes muss das Skalenniveau der Variablen berücksichtigt werden. Für metrische Daten ist die quadrierte euklidische Distanz ein übliches Maß. (Cleff, 2015, S. 195) Im Vergleich zur euklidischen Distanz sind die Ergebnisse zudem eindeutiger zu interpretieren, da durch das Quadrat der Distanzen große Differenzen gewichtiger, geringere Distanzen dahingegen unbedeutender werden. (Leonhart, 2014b, S. 32) Für die vorliegende Analyse wird außerdem das Ward-Verfahren ausgewählt, da es verlässlich sinnvolle Gruppen bildet. (Backhaus et al., 2021, S. 521) Zur besseren Interpretierbarkeit wird außerdem das Dendrogramm angefordert. Abb. 13 zeigt die geschilderte Vorgehensweise der Clusteranalyse in SPSS. Sind alle Einstellungen vorgenommen kann die Clusteranalyse durchgeführt werden. Die Ausgabe zeigt zunächst eine Übersicht über die verarbeiteten Fälle (Siehe Tab. 17). Wie gewünscht sind alle 99 Fälle gültig und es bestehen keine fehlenden Werte.

Verarbeitete Fälle[a]

	Fälle					
Gültig		Fehlenden Werten		Insgesamt		
N	Prozent	N	Prozent	N	Prozent	
99	100,0%	0	0,0%	99	100,0%	

a. Neu skaliert Quadrierte Euklidische Distanz verwendet

Tab. 17 SPSS-Ausgabe: Verarbeitete Fälle für die Clusteranalyse
(eigene Darstellung aus SPSS)

Aus Platzgründen befindet sich die Zuordnungsübersicht, die Clusterzugehörigkeit sowie das Dendrogramm in den Anlagen (Siehe Anlage 2-4) dieser Arbeit. Aus dem Dendrogramm lässt sich entnehmen, dass bei Berücksichtigung zweier Gruppen 70 Personen der einen und 29 Personen der anderen Gruppe zugehören. Die in Tab. 18 gezeigte Häufigkeitsverteilung liefert nochmals eine Übersicht zu den Gruppengrößen. Vergleicht man diese Ergebnisse mit den Ergebnissen aus Tab. 12, wird deutlich, dass die Gruppengröße der Gruppe 1 und 2 jeweils genau mit der Anzahl der männlichen bzw. weiblichen Befragten übereinstimmt (abzüglich des Falls mit fehlenden Werten). Die Vermutung liegt also nahe, dass die gebildeten Cluster die beiden Geschlechtergruppen widerspiegeln.

Ward Method

		Häufigkeit	Prozent	Gültige Prozente	Kumulierte Prozente
Gültig	1	70	70,7	70,7	70,7
	2	29	29,3	29,3	100,0
	Gesamt	99	100,0	100,0	

Tab. 18 SPSS-Ausgabe: Häufigkeitsverteilung zu den Clustern
(eigene Darstellung aus SPSS)

3.3 Interferenzstatistische Analyse zur Beschreibung der Cluster

Im Folgenden soll ein interferenzstatistisches Verfahren gewählt werden, um die Cluster näher auf Unterschiedlichkeiten zu überprüfen. Im Rahmen der Analyse wird untersucht, inwiefern sich die beiden Gruppen in Bezug auf die abhängigen Variablen unterscheiden. Um Unterschiede zwischen zwei Gruppen zu untersuchen, bietet sich im vorliegenden Fall der „t-Test für unabhängige Stichproben" an. (Budischewski, 2019, S. 56) Das Prinzip des Verfahrens beruht dabei auf dem Vergleich der Mittelwerte beider Gruppen. Allerdings müssen hierfür einige Voraussetzungen überprüft werden. In erster Linie müssen einfache voneinander unabhängige Zufallsstichproben vorliegen (Bortz & Schuster, 2010, S. 122), in diesem Fall also die beiden Cluster, die vermutlich die männlichen und die weiblichen Befragten darstellen. Ein t-Test kann außerdem nur durchgeführt werden, wenn die abhängigen Variablen annähernd metrisch skaliert sind und die unabhängige Variable annähernd normalverteilt bzw. die Stichprobe größer als 30 ist. Ein letzter Aspekt ist der der Varianzhomogenität. Für die Vergleichbarkeit müssen die Varianzen der beiden Gruppen gleich sein. (Budischewski, 2019, S. 67; Schäfer & Schöttker-Königer, 2015, S. 103) Daher ist der Levene-Test zur Überprüfung von Varianzgleichheit bei der Durchführung des t-Tests in SPSS integriert.

Zuerst werden nun die Hypothesen für den t-Test im Allgemeinen aufgestellt. (Budischewski, 2019, S. 67)

H_0: Zwischen den beiden Gruppen gibt es keine signifikanten Unterschiede in den Mittelwerten der abhängigen Variablen.

H_1: Zwischen den beiden Gruppen gibt es signifikanten Unterschiede in den Mittelwerten der abhängigen Variablen.

Im nächsten Schritt erfolgt nun noch die Festlegung des Signifikanzniveaus α, d. h. der maximal zulässigen Wahrscheinlichkeit, dass H_0 irrtümlicherweise abgelehnt wird, obwohl sie zutreffend ist. (Cleff, 2019, S. 172–173). Auch wenn die Festlegung dem Forscher selbst obliegt ist ein Schellenwert von 5 % (α = ‚05) sehr gängig. (Cleff, 2019, S. 173) Daher wird α an dieser Stelle auf den Wert ‚05 festgelegt. Aufgerufen wird der t-Test unter „Analysieren – Mittelwerte vergleichen – t-Test bei unabhängigen Stichproben". Die auszuwählenden Testvariablen sind „Geschlecht", „Alter", „PA_g", „NA_g" und „PILL_SUM". In Bezug auf die Gruppenvariable „Cluster 2_2" werden die zwei Gruppen mit 1 und 2 definiert.

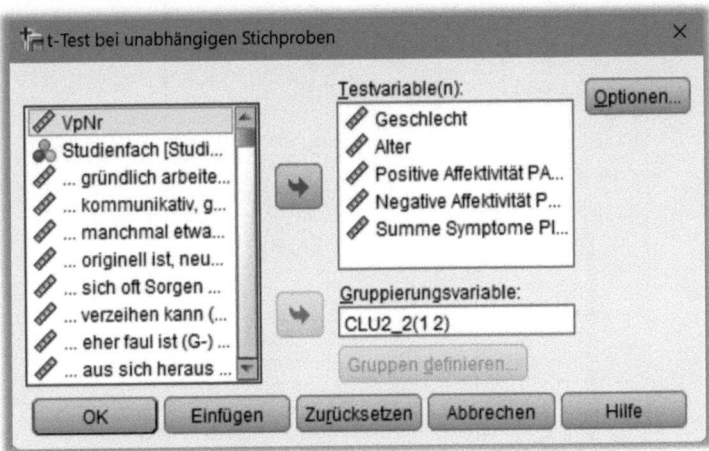

Abb. 14 SPSS: Auswahl der Variablen für den t-Test
(eigene Darstellung aus SPSS)

In SPSS werden an erster Stelle die Gruppenstatistiken (Siehe Tab. 20) ausgegeben. Um die Voraussetzung der Varianzgleichheit zu überprüfen, müssen jedoch erst die Ergebnisse des Levene-Tests betrachtet werden, welche sich aus der zweiten Tabelle in SPSS (Siehe Tab. 19) entnehmen lassen.

Test bei unabhängigen Stichproben

		Levene-Test der Varianzgleichheit		T-Test für die Mittelwertgleichheit					95% Konfidenzintervall der Differenz	
		F	Signifikanz	T	df	Sig. (2-seitig)	Mittlere Differenz	Standardfehler der Differenz	Untere	Obere
Geschlecht	Varianzen sind gleich	10,537	,002	43,622	37	,000	,936	,022	,522	1,009
	Varianzen sind nicht gleich			20,000	20,000	,000	,936	,034	,595	1,036
Alter	Varianzen sind gleich	10,036	,002	-3,294	37	,001	-4,322	1,312	-6,926	-1,718
	Varianzen sind nicht gleich			-2,506	33,292	,017	-4,322	1,725	-7,830	-,815
Positive Affektivität PANAS	Varianzen sind gleich	1,104	,296	,492	37	,624	,04846	,09841	-,14686	,24379
	Varianzen sind nicht gleich			,539	64,548	,592	,04846	,08998	-,13127	,22820
Negative Affektivität PANAS	Varianzen sind gleich	,566	,454	-1,465	37	,146	-,17956	,12267	-,42312	,06381
	Varianzen sind nicht gleich			-1,354	44,657	,183	-,17956	,13273	-,44704	,08773
Summe Symptome PILL	Varianzen sind gleich	1,023	,314	1,830	37	,070	9,82020	5,36702	-,83186	20,47225
	Varianzen sind nicht gleich			1,856	54,033	,069	9,82020	5,29098	-,78742	20,42781

Tab. 19 SPSS-Ausgabe: Test bei unabhängigen Stichproben (eigene Darstellung aus SPSS)

Es wird nun die zweite Spalte betrachtet, um festzustellen, ob der Levene-Test signifikant ist. Bei den ersten beiden Variablen Geschlecht und Alter liegt jeweils ein Signifikanzniveau von $p < ,05$ vor, sodass von Varianzheterogenität ausgegangen wird. Daher werden die korrigierten Prüfwerte aus der jeweils zweiten Zeile herangezogen. (Budischewski, 2019, S. 69) Die T-Werte liegen bei 28 ($p < ,05$) und -2,506 ($p < ,05$). Vorläufig muss also die Nullhypothese H_0 verworfen werden. Bei den restlichen Variablen kann dahingegen von Varianzhomogenität ausgegangen werden ($p > ,05$). Also sind die Werte aus der ersten Spalte zu entnehmen. Hier muss beachtet werden, dass das Signifikanzniveau bei allen drei Variablen einen Wert von $p > ,05$ aufweisen. Schlussfolgernd liegen keine signifikanten Unterschiede vor und die Alternativhypothese H_1 kann für die Variablen „NA_g", „PA_g" und „PILL_SUM" verworfen werden.

Gruppenstatistiken

	Ward Method	N	Mittelwert	Std.-Abweichung	Standardfehler des Mittelwertes
Geschlecht	1	70	2,00	,000	,000
	2	29	1,03	,186	,034
Alter	1	70	23,06	4,194	,501
	2	29	27,38	8,886	1,650
Positive Affektivität PANAS	1	70	3,3898	,47018	,05620
	2	29	3,3414	,37845	,07028
Negative Affektivität PANAS	1	70	1,7100	,52174	,06236
	2	29	1,8897	,63095	,11717
Summe Symptome PILL	1	70	106,7857	24,53799	2,93285
	2	29	96,9655	23,71480	4,40373

Tab. 20 SPSS-Ausgabe: Gruppenstatistiken zum t-Test bei zwei unabhängigen Stichproben
(eigene Darstellung aus SPSS)

Nun können die bisherigen Ergebnisse mithilfe von Tab. 20 nochmals überprüft werden. Es besteht bereits die Vermutung, dass die beiden Cluster die zwei Geschlechtergruppen „weiblich" und „männlich" darstellen. Auch der t-Test weist auf signifikante Unterschiede in Bezug auf das Geschlecht hin. Anhand der Mittelwerte kann diese Vermutung bestätigt werden: Der Mittelwert für Gruppe 1 liegt bei einem Wert von 2 (2 = weiblich), die Gruppe besteht also aus den weiblichen Befragten. Bei Gruppe 2 liegt der Wert annähernd bei einem Wert von 1 (1= männlich), sodass die Gruppe die männlichen Personen umfasst. Die zweite Variable mit signifikantem Unterschied ist das Alter. Die zugehörigen Mittelwerte können wie folgt interpretiert werden. Die weiblichen Personen (Gruppe 1) haben ein Durchschnittsalter von 23,01 Jahren, während die männlichen (Gruppe 2) ein höheres Durchschnittsalter von 27,38 Jahren aufweisen. Aufgrund der signifikanten Unterschiede in den Mittelwerten der Variablen Geschlecht und Alter muss abschließend die Nullhypothese H_0 verworfen und die Alternativhypothese H_1 angenommen werden.

Wie bereits dargelegt konnten keine signifikanten Unterschiede zwischen den Gruppen bei den Variablen „PA_g" und „NA_g" festgestellt werden. Dies deckt sich mit dem Vergleich der Mittelwerte, die zwischen den Gruppen kaum voneinander abweichen. Bei „PILL_SUM" lässt sich zwar eine etwas größere Abweichung zwischen den Mittelwerten der Gruppen ablesen, jedoch fällt diese trotzdem nicht signifikant aus. Daher kann bei den Variablen „PA_g", „NA_g" und „PILL_SUM" die Nullhypothese H_0 beibehalten werden.

Wären bei den Variablen der positiven und negativen Affektivität sowie des Symptomberichts signifikante Unterschiede zwischen den Gruppen festgestellt worden, so könnten dahingehend weitere interessante Hypothesen aufgestellt werden, um die Ursachen für die Unterschiede zu untersuchen. Relevant wäre in diesem Zusammenhang beispielsweise, ob das Geschlecht und das Alter einen Effekt auf die Ausprägung der positiven bzw. negativen Affektivität haben. Außerdem könnten in weiteren Analysen Zusammenhänge zwischen den Ausprägungen der positiven bzw. negativen Affektivität und des Symptomberichts erforscht werden, um z. B. festzustellen, ob ein negativer Affekt mit einer hohen Anzahl an physischen Symptomen korrelieren.

Literaturverzeichnis

Backhaus, K., Erichson, B., Gensler, S., Weiber, R. & Weiber, T. (2021). *Multivariate Analysemethoden. Eine anwendungsorientierte Einführung* (16. Aufl.). Wiesbaden: Springer Fachmedien. https://doi.org/10.1007/978-3-658-32425-4

Bortz, J. & Schuster, C. (2010). *Statistik für Human- und Sozialwissenschaftler* (7. Aufl.). Berlin: Springer Medizin.

Brandt, H. (2020). Exploratorische Faktorenanalyse (EFA). In H. Moosbrugger & A. Kelava (Hrsg.), *Testtheorie und Fragebogenkonstruktion* (3. Aufl., S. 575–614). Berlin: Springer.

Breyer, B. & Bluemke, M. (2016). *Deutsche Version der Positive and Negative Affect Schedule PANAS (GESIS Panel). Zusammenstellung sozialwissenschaftlicher Items und Skalen.* https://doi.org/10.6102/ZIS242

Budischewski, K. (2019). *SPSS. Titel-Nr. 0693-03* (3. Aufl.). Studienbrief der SRH Fernhochschule. Riedlingen.

Cleff, T. (2015). *Deskriptive Statistik und Explorative Datenanalyse. Eine computergestützte Einführung mit Excel, SPSS und STATA* (3. Aufl.). Wiesbaden: Springer Gabler. https://doi.org/10.1007/978-3-8349-4748-2

Cleff, T. (2019). *Angewandte Induktive Statistik und Statistische Testverfahren. Eine computergestützte Einführung mit Excel, SPSS und Stata.* Wiesbaden: Springer Gabler. https://doi.org/10.1007/978-3-8349-6973-6

Döring, N. & Bortz, J. (Hrsg.). (2016a). *Forschungsmethoden und Evaluation in den Sozial- und Humanwissenschaften* (5. Aufl.). Berlin: Springer. https://doi.org/10.1007/978-3-642-41089-5

Döring, N. & Bortz, J. (2016b). Operationalisierung. In N. Döring & J. Bortz (Hrsg.), *Forschungsmethoden und Evaluation in den Sozial- und Humanwissenschaften* (5. Aufl., S. 221–290). Berlin: Springer.

Eckstein, P. P. (2016). *Angewandte Statistik mit SPSS. Praktische Einführung für Wirtschaftswissenschaftler* (8. Aufl.). Wiesbaden: Springer Gabler. https://doi.org/10.1007/978-3-658-10918-9

Eckstein, P. P. (2019). *Statistik für Wirtschaftswissenschaftler. Eine realdatenbasierte Einführung mit SPSS* (6. Aufl.). Wiesbaden: Springer Gabler. https://doi.org/10.1007/978-3-658-24798-0

Epstein, E. M., Sloan, D. M. & Marx, B. P. (2005). Getting to the Heart of the Matter: Written Disclosure, Gender, and Heart Rate. *Psychosomatic Medicine, 67*(3), 413–419. https://doi.org/10.1097/01.psy.0000160474.82170.7b

Faktorenanalyse im Dorsch Lexikon (2021). In M. A. Wirtz (Hrsg.), *Dorsch Lexikon der Psychologie.* Bern: Hogrefe. Verfügbar unter: https://dorsch.hogrefe.com/stichwort/faktoren-analyse

Gäde, J. C., Schermelleh-Engel, K. & Brandt, H. (2020). Konfirmatorische Faktorenanalyse (CFA). In H. Moosbrugger & A. Kelava (Hrsg.), *Testtheorie und Fragebogenkonstruktion* (3. Aufl., S. 615–660). Berlin: Springer.

Gäde, J. C., Schermelleh-Engel, K. & Werner, C. S. (2020). Klassische Methoden der Reliabilitätsschätzung. In H. Moosbrugger & A. Kelava (Hrsg.), *Testtheorie und Fragebogenkonstruktion* (3. Aufl., S. 305–334). Berlin: Springer.

Hedderich, J. & Sachs, L. (2018). *Angewandte Statistik. Methodensammlung mit R* (16. Aufl.). Berlin: Springer. https://doi.org/10.1007/978-3-662-56657-2

Hossiep, R. (2021). Cronbachs Alpha. In M. A. Wirtz (Hrsg.), *Dorsch Lexikon der Psychologie.* Bern: Hogrefe. Verfügbar unter: https://dorsch.hogrefe.com/stichwort/cronbachs-alpha

Janssen, J. & Laatz, W. (2017). *Statistische Datenanalyse mit SPSS. Eine anwendungsorientierte Einführung in das Basissystem und das Modul Exakte Tests* (9. Aufl.). Berlin: Springer Gabler. https://doi.org/10.1007/978-3-662-53477-9

Klopp, E. (2010). *Explorative Faktorenanalyse,* Universität des Saarlandes. Verfügbar unter: http://hdl.handle.net/20.500.11780/3369

Krebs, D. & Menold, N. (2019). Gütekriterien quantitativer Sozialforschung. In N. Baur & J. Blasius (Hrsg.), *Handbuch Methoden der empirischen Sozialforschung* (2. Aufl., S. 489–504). Wiesbaden: Springer Fachmedien.

Krolak-Schwerdt, S. & Hörstermann, T. (2021). Faktorenanalyse, konfirmatorische. In M. A. Wirtz (Hrsg.), *Dorsch Lexikon der Psychologie.* Bern: Hogrefe. Verfügbar unter: https://dorsch.hogrefe.com/stichwort/faktorenanalyse-konfirmatorische

Krumm, S., Schmidt-Atzert, L. & Amelang, M. (2021). Grundlagen diagnostischer Verfahren. In L. Schmidt-Atzert, S. Krumm & M. Amelang (Hrsg.), *Psychologische Diagnostik* (6. Aufl., S. 39–208). Berlin: Springer.

Leonhart, R. (2014a). *Quantitative Verfahren I. Titel-Nr. 1148-01* (1. Aufl.). Studienbrief der SRH Fernhochschule. Riedlingen.

Leonhart, R. (2014b). *Quantitative Verfahren II. Titel-Nr. 1149-01* (1. Aufl.). Studienbrief der SRH Fernhochschule. Riedlingen.

Moosbrugger, H. & Kelava, A. (2020). Qualitätsanforderungen an Tests und Fragebogen („Gütekriterien"). In H. Moosbrugger & A. Kelava (Hrsg.), *Testtheorie und Fragebogenkonstruktion* (3. Aufl., S. 13–38). Berlin: Springer.

Schäfer, A. & Schöttker-Königer, T. (Hrsg.). (2015). *Statistik und quantitative Methoden für Gesundheitsfachberufe* (1. Aufl.). Berlin: Springer. https://doi.org/10.1007/978-3-662-45519-7

Wentura, D. & Pospeschill, M. (2015). *Multivariate Datenanalyse. Eine kompakte Einführung* (Basiswissen Psychologie, 1. Aufl.). Wiesbaden: Springer Fachmedien. https://doi.org/10.1007/978-3-531-93435-8

Anlagen

Anl. 1   Häufigkeitsverteilung zur Variable Alter

Alter

		Häufigkeit	Prozent	Gültige Prozente	Kumulierte Prozente
Gültig	18	1	1,0	1,0	1,0
	19	5	5,0	5,0	6,0
	20	19	19,0	19,0	25,0
	21	15	15,0	15,0	40,0
	22	11	11,0	11,0	51,0
	23	8	8,0	8,0	59,0
	24	9	9,0	9,0	68,0
	25	6	6,0	6,0	74,0
	26	4	4,0	4,0	78,0
	27	2	2,0	2,0	80,0
	28	5	5,0	5,0	85,0
	29	3	3,0	3,0	88,0
	30	1	1,0	1,0	89,0
	31	2	2,0	2,0	91,0
	33	2	2,0	2,0	93,0
	34	2	2,0	2,0	95,0
	37	1	1,0	1,0	96,0
	38	1	1,0	1,0	97,0
	42	1	1,0	1,0	98,0
	53	1	1,0	1,0	99,0
	55	1	1,0	1,0	100,0
	Gesamt	100	100,0	100,0	

(eigene Darstellung aus SPSS)

Anl. 2 SPSS-Ausgabe zur Clusteranalyse: Zuordnungsübersicht

Zuordnungsübersicht

	Zusammengeführte Cluster			Erstes Vorkommen des Clusters		
Schritt	Cluster 1	Cluster 2	Koeffizienten	Cluster 1	Cluster 2	Nächster Schritt
1	6	70	,000	0	0	10
2	78	96	,000	0	0	22
3	35	74	,000	0	0	8
4	51	62	,000	0	0	21
5	27	79	,001	0	0	17
6	49	73	,001	0	0	21
7	80	83	,002	0	0	43
8	35	61	,004	3	0	36
9	9	33	,005	0	0	31
10	6	67	,006	1	0	53
11	1	32	,008	0	0	27
12	48	50	,010	0	0	59
13	19	86	,012	0	0	44
14	95	97	,014	0	0	74
15	16	30	,016	0	0	33
16	8	40	,019	0	0	55
17	27	81	,021	5	0	24
18	17	39	,023	0	0	34
19	29	46	,026	0	0	57
20	68	88	,029	0	0	44
21	49	51	,033	6	4	35
22	78	82	,036	2	0	39
23	24	36	,040	0	0	61
24	27	43	,044	17	0	64
25	42	87	,048	0	0	41
26	7	28	,052	0	0	55
27	1	90	,057	11	0	50
28	64	91	,061	0	0	56
29	54	58	,066	0	0	65
30	5	31	,071	0	0	76
31	9	10	,076	9	0	63
32	4	38	,081	0	0	54
33	16	75	,087	15	0	53
34	17	66	,093	18	0	54
35	49	59	,099	21	0	73
36	35	69	,106	8	0	49
37	3	26	,113	0	0	62
38	23	71	,120	0	0	79
39	65	78	,127	0	22	69
40	44	84	,135	0	0	57
41	42	72	,142	25	0	51
42	2	76	,150	0	0	63
43	80	85	,159	7	0	78
44	19	68	,168	13	20	47
45	53	57	,177	0	0	60
46	11	63	,186	0	0	58
47	19	94	,195	44	0	73

48	25	37	,205	0	0	67
49	35	45	,215	36	0	61
50	1	13	,225	27	0	78
51	42	98	,236	41	0	69
52	55	89	,248	0	0	71
53	6	16	,261	10	33	66
54	4	17	,273	32	34	77
55	7	8	,288	26	16	70
56	64	92	,303	28	0	77
57	29	44	,318	19	40	65
58	11	52	,335	46	0	79
59	34	48	,352	0	12	74
60	53	77	,369	45	0	68
61	24	35	,389	23	49	66
62	3	56	,411	37	0	70
63	2	9	,436	42	31	84
64	21	27	,461	0	24	76
65	29	54	,494	57	29	80
66	6	24	,527	53	61	85
67	14	25	,561	0	48	81
68	15	53	,597	0	60	82
69	42	65	,633	51	39	85
70	3	7	,672	62	55	83
71	22	55	,711	0	52	81
72	41	93	,753	0	0	89
73	19	49	,797	47	35	80
74	34	95	,843	59	14	82
75	18	47	,890	0	0	93
76	5	21	,940	30	64	84
77	4	64	,996	54	56	86
78	1	80	1,056	50	43	87
79	11	23	1,131	58	38	86
80	19	29	1,210	73	65	88
81	14	22	1,300	67	71	87
82	15	34	1,390	68	74	91
83	3	12	1,486	70	0	89
84	2	5	1,595	63	76	92
85	6	42	1,710	66	69	94
86	4	11	1,841	77	79	92
87	1	14	1,992	78	81	95
88	19	99	2,151	80	0	91
89	3	41	2,334	83	72	96
90	20	60	2,536	0	0	93
91	15	19	2,772	82	88	94
92	2	4	3,035	84	86	97
93	18	20	3,398	75	90	97
94	6	15	3,853	85	91	95
95	1	6	4,457	87	94	96
96	1	3	5,247	95	89	98
97	2	18	6,099	92	93	98
98	1	2	7,850	96	97	0

(eigene Darstellung aus SPSS)

Anl. 3   SPSS-Ausgabe zur Clusteranalyse: Clusterzugehörigkeit

**Cluster-
Zugehörigkeit**

Fall	2 Cluster
1:Case 1	1
2:Case 2	2
3:Case 3	1
4:Case 4	2
5:Case 5	2
6:Case 6	1
7:Case 7	1
8:Case 8	1
9:Case 9	2
10:Case 10	2
11:Case 11	2
12:Case 12	1
13:Case 13	1
14:Case 14	1
15:Case 15	1
16:Case 16	1
17:Case 17	2
18:Case 18	2
19:Case 19	1
20:Case 20	2
21:Case 21	2
22:Case 22	1
23:Case 23	2
24:Case 24	1
25:Case 25	1
26:Case 26	1
27:Case 27	2
28:Case 28	1
29:Case 29	1
30:Case 30	1
31:Case 31	2
32:Case 32	1
33:Case 33	2
34:Case 34	1
35:Case 35	1
36:Case 36	1
37:Case 37	1
38:Case 38	2
39:Case 39	2
40:Case 40	1
41:Case 41	1
42:Case 42	1
43:Case 43	2
44:Case 44	1
45:Case 45	1
46:Case 46	1
47:Case 47	2

48:Case 48	1
49:Case 49	1
50:Case 50	1
51:Case 51	1
52:Case 52	2
53:Case 53	1
54:Case 54	1
55:Case 55	1
56:Case 56	1
57:Case 57	1
58:Case 58	1
59:Case 59	1
60:Case 60	2
61:Case 61	1
62:Case 62	1
63:Case 63	2
64:Case 64	2
65:Case 65	1
66:Case 66	2
67:Case 67	1
68:Case 68	1
69:Case 69	1
70:Case 70	1
71:Case 71	2
72:Case 72	1
73:Case 73	1
74:Case 74	1
75:Case 75	1
76:Case 76	2
77:Case 77	1
78:Case 78	1
79:Case 79	2
80:Case 80	1
81:Case 81	2
82:Case 82	1
83:Case 83	1
84:Case 84	1
85:Case 85	1
86:Case 86	1
87:Case 87	1
88:Case 88	1
89:Case 89	1
90:Case 90	1
91:Case 91	2
92:Case 92	2
93:Case 93	1
94:Case 94	1
95:Case 95	1
96:Case 96	1
97:Case 97	1
98:Case 98	1
99:Case 99	1

(eigene Darstellung aus SPSS)

Anl. 4   SPSS-Ausgabe zur Clusteranalyse: Dendrogramm

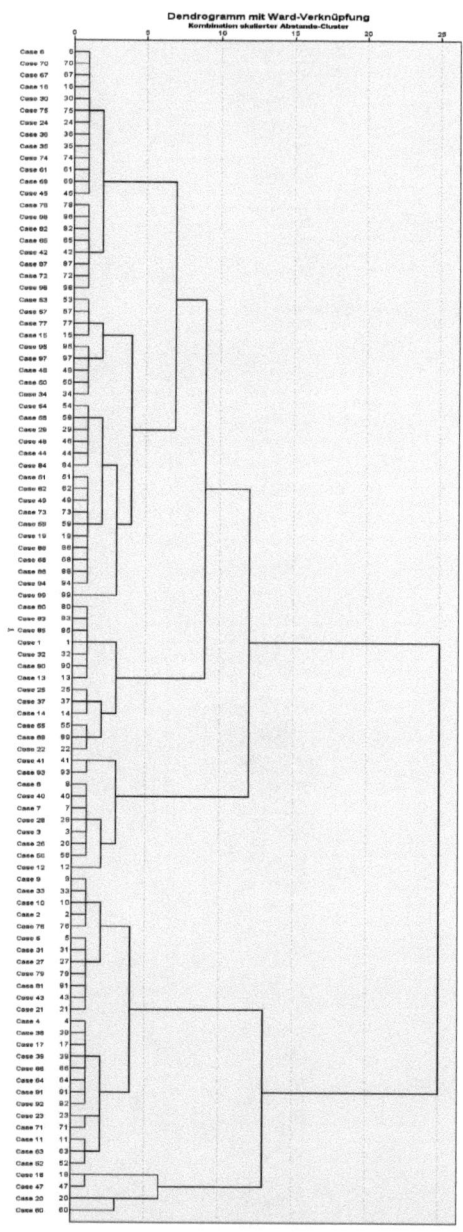

(eigene Darstellung aus SPSS)